paperblanks®
DIAMOND ROSETTE

Inspirée d'une reliure italienne de 1620, cette couverture présente un motif floral en forme de rosette. Le livre d'origine contenait une série d'illustrations dans le style circulaire « tondo ». Les reliures du XVIIème siècle sont caractérisées par une richesse ornementale de la zone centrale de la couverture. Reproduisant de larges vrilles formant un diamant en son centre, cette couverture est un exemple classique du style de reliure de l'époque.

Inspiriert von einer italienischen Buchbindung aus dem Jahr 1620 zeigt der Einband ein florales Muster und ein Rosettenmotiv. Der Originaleinband enthielt eine Reihe von „Tondo"-Illustrationen. Buchbindungen aus dem 17. Jahrhundert zeichnen sich durch viele Ornamente im zentralen Bereich des Buchbands aus. Mit seinen geschwungenen Ranken in Diamantform ist dieser Einband ein klassisches Beispiel für den Buchbindestil dieser Zeit.

Questa copertina, ispirata a una rilegatura italiana del 1620, è impreziosita da fiori e rosette. Il libro originale custodiva una serie di illustrazioni rotonde. Le rilegature del XVII secolo sono famose per la ricchezza ornamentale della parte centrale delle copertine. I viticci che oscillano al centro di questa figura a forma di diamante, sono un classico esempio dello stile dell'epoca.

Esta cubierta, inspirada en una encuadernación italiana de 1620, exhibe un rosetón con motivos florales. El libro original contenía una serie de tondos o ilustraciones circulares. Las encuadernaciones del siglo XVII se caracterizaban por la riqueza ornamental de la parte central de la cubierta. Este diseño, decorado con un motivo de zarcillos en forma de rombo central, es un ejemplo perfecto del estilo de encuadernación de la época.

花模様とロゼット・モチーフがあしらわれたロゼットダイヤモンドシリーズ。1620年のイタリアの装丁にインスパイアされて生まれたデザインです。オリジナルの書籍には、円形の「トンド」形式の図が収められていました。17世紀の製本の特徴は、表紙の中央部分の装飾の豊かさにあります。中央のひし形に蔦の巻きひげが配された表紙は、この時代の装丁様式の典型例といえるものです。

HMP-PRDTN00012179

paperblanks®
DIAMOND ROSETTE

Oceania

Inspired by an Italian book binding dating to 1620, this cover showcases a floral pattern and rosette motif. The original book contained a series of illustrations in the "tondo" form, a Renaissance style of circular art. Once a popular artistic style in ancient Greece, tondo experienced a brief revitalization by Italian artists during the 15th and 16th centuries.

 Book bindings from the 17th century are characterized by the ornamental richness of the cover's central area. Featuring sweeping tendrils in a centralized diamond shape, this cover is a classic example of the era's bookbinding style.

ISBN: 978-1-4397-8114-2
MIDI FORMAT   144 PAGES   LINED
DESIGNED IN CANADA

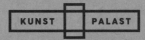

© Kunstpalast Düsseldorf
Printed on acid-free sustainable forest paper.
© 2019 Hartley & Marks Publishers Inc. All rights reserved.
No part of this book may be reproduced without written permission
from the publisher. Paperblanks are published by
Hartley & Marks Publishers Inc. and
Hartley & Marks Publishers Ltd. Made in China.
North America 1-800-277-5887
Europe 800-3333-8005
Japan 0120-177-153

paperblanks.com